平写春联

灵南

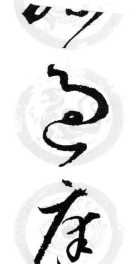

罗锡清 编

河南美术出版社
·郑州·

图书在版编目（CIP）数据

过年写春联．孙过庭草书／罗锡清编．— 郑州：河南美术出版社，2023.10
ISBN 978-7-5401-6335-8

Ⅰ.①过… Ⅱ.①罗… Ⅲ.①草书－法帖－中国－唐代 Ⅳ.① J292.2

中国国家版本馆 CIP 数据核字 (2023) 第 191034 号

过年写春联　孙过庭草书

罗锡清　编

出 版 人　王广照
责任编辑　庞　迪
责任校对　管明锐
装帧设计　庞　迪
制　　作　张国友
出版发行　河南美术出版社
　　　　　地址：郑州市郑东新区祥盛街 27 号
　　　　　邮编：450016
　　　　　电话：(0371) 65788152
印　　刷　河南美图印刷有限公司
开　　本　787 毫米 ×1092 毫米　1/16
印　　张　6
字　　数　60 千字
版　　次　2023 年 10 月第 1 版
印　　次　2023 年 10 月第 1 次印刷
书　　号　ISBN 978-7-5401-6335-8
定　　价　25.00 元

关于春联

　　春联以工整、对偶、简洁、精巧的文字描绘时代背景，抒发美好愿望，是我国特有的一种文学形式。每逢春节，无论城市还是农村，家家户户都要精选一副副春联贴于门上，为节日增加喜庆气氛。

　　相传，中国最早的春联出自五代后蜀国君孟昶。《宋史·西蜀孟氏》记载："（孟昶）每岁除，命学士为词，题桃符，置寝门左右。末年，学士幸寅逊撰词，昶以其非工，自命笔题云：'新年纳余庆，嘉节号长春。'"大意是：人们在新年享受着先代的遗泽，佳节预示着春意常在。

　　过年贴春联的民俗起源于宋代，并在明代开始盛行。据《簪云楼杂说》载，明太祖朱元璋酷爱对联，不仅自己挥毫书写，还常常鼓励群臣书写。有一年除夕，他传旨：公卿士庶家，门口须加春联一副。后太祖微服出巡，看见各家张贴的春联十分高兴。当他行至一户人家，见门上没有春联，便问何故。原来主人是个杀猪的，正愁找不到人写春联。朱元璋当即挥笔写下了一副内容为"双手劈开生死路，一刀割断是非根"的春联送给了这户人家。从这个故事中，我们可以看出朱元璋对春联的大力提倡，也正是因为他的身体力行，才推动了春联的普及。

　　到了清代，春联的思想性和艺术性都有了很大提高。梁章钜所撰《楹联丛话》对楹联的起源及各门类作品的特色都一一做了论述，其中就专门提到春联。

　　春联在实际应用中，其含义在一定程度上被泛化了。常见的"春联"，根据其使用场所与张贴位置的不同，可分为门心、框对、横批、春条、斗斤等。"门心"贴于门板上端中心部位；"框对"贴于左右两个门框上；"横批"贴于门楣的横木上；"春条"是根据不同的内容，贴于相应位置的单幅文字，如过年时在庭院里贴的"抬头见喜""出入平安""恭喜发财"等；"斗斤"也叫"门叶"，为菱形，多贴在家具、单扇门或影壁上，春节时大家喜欢贴的"福"字，就属于"斗斤"。

春节贴"福"字，是我国民间由来已久的风俗。据《梦粱录》记载："岁旦在迩，席铺百货，画门神桃符，迎春牌儿。""士庶家不论大小，俱洒扫门闾，去尘秽，净庭户，换门神，挂钟馗，钉桃符，贴春牌，祭祀祖宗。"文中的"春牌"即写在红纸上的"福"字，"福"字代表的是"幸福""福气""福运"。民间还有将"福"字精描细作成各种图案的，图案有寿星、寿桃、鲤鱼跳龙门、五谷丰登、龙凤呈祥等。春节贴"福"字，无论是过去还是现在，都寄托了人们对幸福生活的向往和对美好未来的祝愿。

俗话说："一年之计在于春。"在人们的传统观念里，一年中有个好的开端是最惬意、最吉利的事。无论在过去的一年里有什么高兴、得意的事，还是有什么不如意的事，人们总是希望未来的一年过得更好。因此，在新春即将到来之时，贴春联恰好可以表达这种美好的愿望。加之我国人民自古就有乐观向上的精神，寄希望于未来，祈盼未来自己会有好运。于是人们借助春联表达对即将过去的一年的怀念和感悟，以及对新的一年的期盼与希望。

民间有"腊月二十四，家家写大字"的说法，随着中国传统文化的复兴，过年写春联已经成为一种时尚。中国人过春节讲究喜庆、吉利、热闹，人们在春节期间吃好的、喝好的、穿新衣、放鞭炮、走亲访友等，这都体现了人们对美好生活的向往，而写春联恰恰暗合了这一点。

"过年写春联"是河南美术出版社近年来精心打造的一个品牌书系。该社邀请了全国知名书家用楷、行、篆、隶四种书体对精选的春联内容进行书法创作，也邀请了高校教师及相关专业人士用古代经典碑帖或名家书法对春联内容进行集字、组合，使这套书的品种丰富多样，可满足读者手写春联的各种需求。希望这套书能为中国传统春节文化增添一笔浓重的"中国红"。

杨　华

目录

44	45	46	47	48	49	50	51	52
万水千山尽得辉 五湖四海皆春色	万缕诗情上笔端 无边景色来天地	人寿年丰喜事多 山清水秀风光好	万水同吟幸福歌 千山齐唱迎春曲	物阜民丰国运昌 风调雨顺天时好	人寿年丰福永存 风和日丽春常驻	家兴人兴事业兴 福旺财旺运气旺	鸡鸭成群鱼满塘 牛羊并壮猪盈圈	水远山长幸福多 莺歌燕舞春光好

53	54	55	56	57	58	59	60	61
彩灯高照庆丰年 喜炮齐鸣迎春节	国泰民安处处春 人寿年丰家家乐	旭日彤彤万户春 东风习习千丛绿	风和日丽大地春 年丰物阜神州乐	中华大地万年春 祖国江山千古秀	财源茂盛达三江 生意兴隆通四海	更新除旧见精神 博学深思增智慧	人寿年丰淑气新 时和世泰春光艳	春水长流遍地春 福星高照全家福

62	63	64	65	66	67	68	69	70
彩灯万盏迎新年 红梅一枝报春晓	春来身入画图中 冬去犹留诗意在	得意桃李喜春风 有情红梅报新岁	万条金缕带春烟 一片彩霞迎旭日	百花争向艳阳红 万树欣随春水流	东风吹出千山绿 春雨洒来万象新	木笔书春天上花 竹林酌酒云间露	四海人同富贵春 一门天赐平安福	绿树红楼万户春 玉海金涛千里秀

71	72	73	74	75	76	77	78	79
接财接福接平安 迎春迎喜迎富贵	马踏春风一路花 莺歌柳浪千家笑	一年四季行好运 八方财宝进家门	四季平安淑景新 一家欢笑春风暖	人寿年丰喜盈门 山欢水笑春满地	万里春华开锦绣 九州龙虎会风云	抬头见喜喜气盈门 迈步迎春春气扑面	日暖神州万木争荣 春回大地千山竞秀	小康路上不忘初心 大业途中同圆国梦

80	81	82	83	84	85~90
瑞气满神州青山不老 春风拂大地绿水长流	大地发春华万象更新 瑞雪兆丰年四海皆春	红旗舞东风五湖似画 春风引紫气一元复始	华夏欢腾东风舞祥云 春风浩荡山河添锦绣	百花开大地春满人间 红日出东方光弥宇宙	三阳开泰　和气致祥　花好月圆 万象更新　长乐人家　紫气东来　年年有余 春风化雨　阖家欢乐　梅开五福　五福临门 风调雨顺　万事亨通　金玉满堂　吉祥如意 春盈四海　竹报三多　大吉大利　百事大吉 迎春接福　春光明媚　积善人家　春和景明 富贵平安　四季平安　六合同春 江山如画　喜迎新春　春光明媚 迎春接福　富贵平安　吉星高照

2

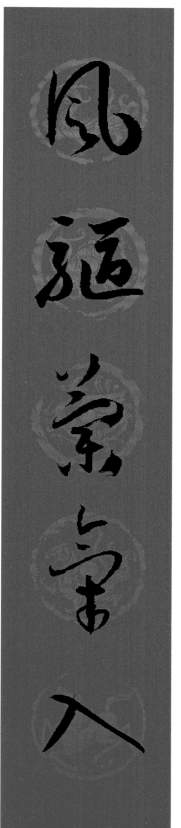
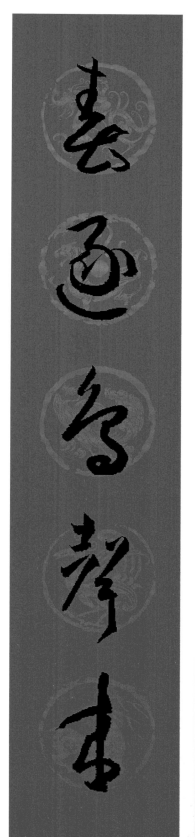

风驱兰气入

春逐鸟声来

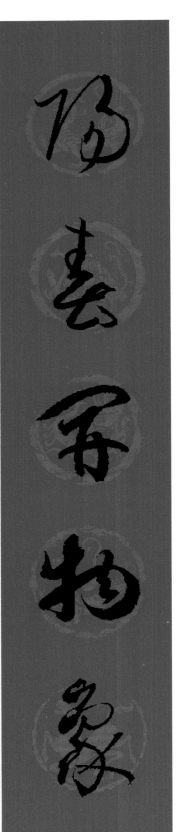

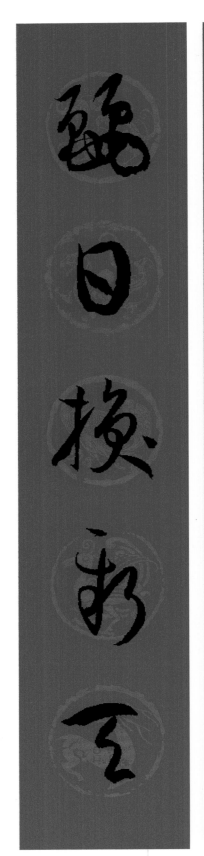

阳春开物象

丽日换新天

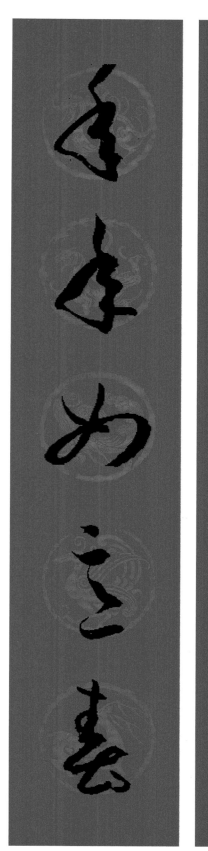
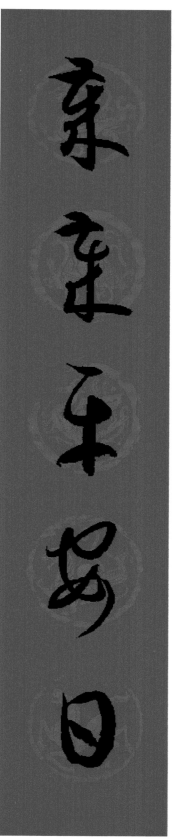

岁岁平安日

年年如意春

3

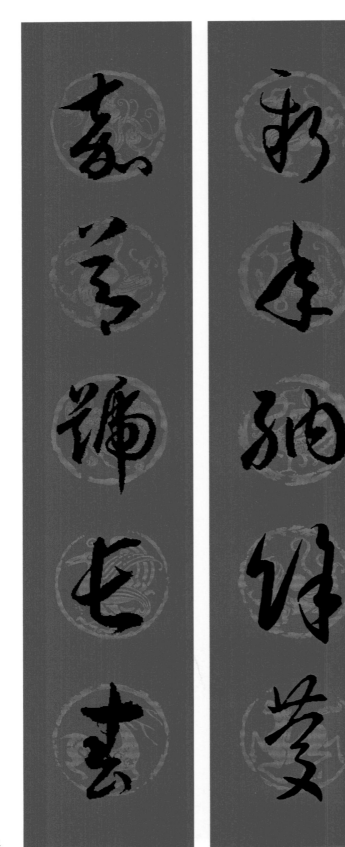

新年纳余庆
嘉节号长春

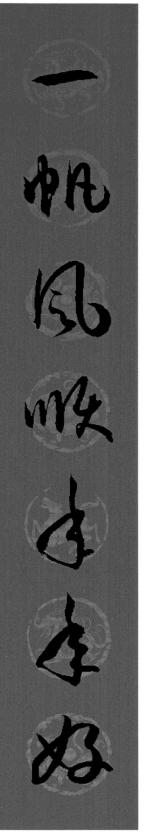

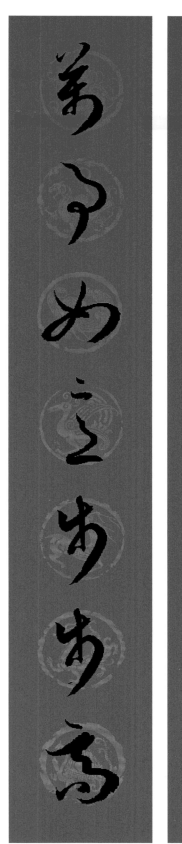

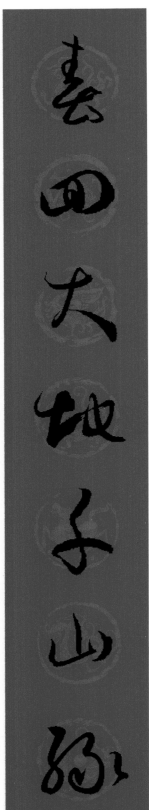

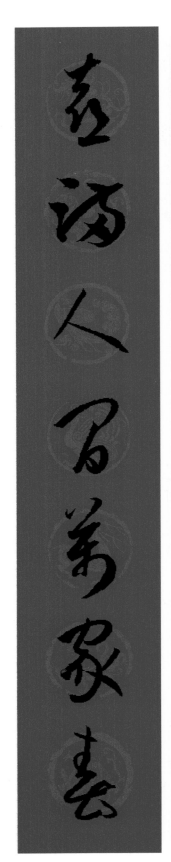

春回大地千山绿

喜满人间万家春

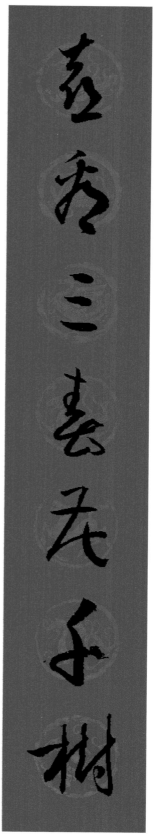

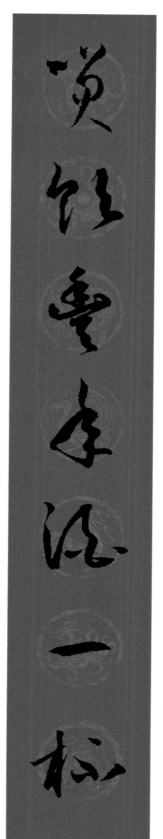

喜看三春花千树

笑饮丰年酒一杯

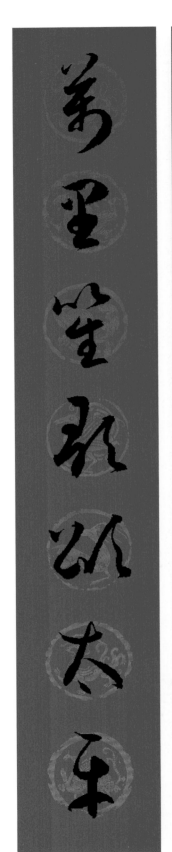

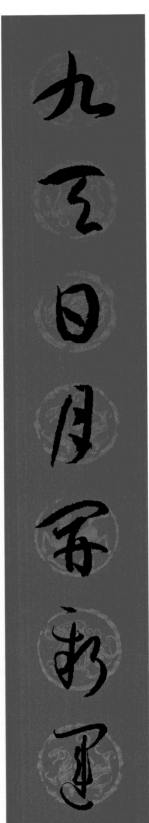

九天日月开新运
万里笙歌颂太平

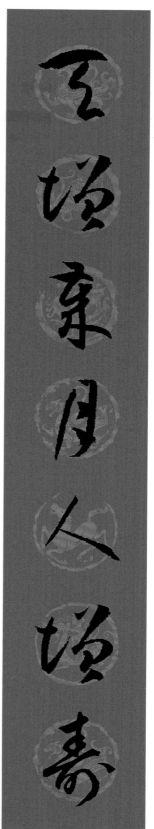

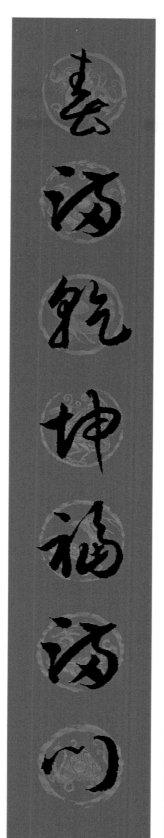

天增岁月人增寿

春满乾坤福满门

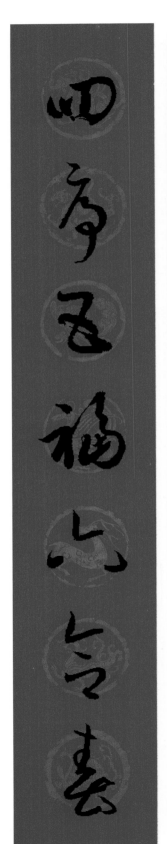

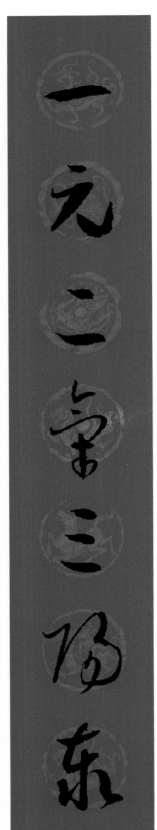

一元二气三阳泰
四序五福六合春

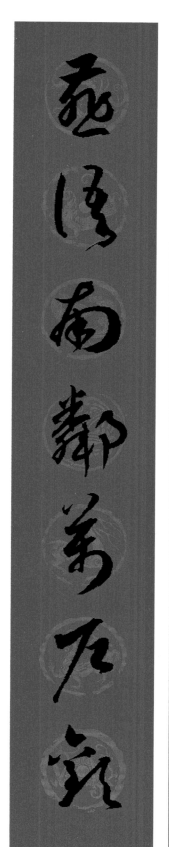

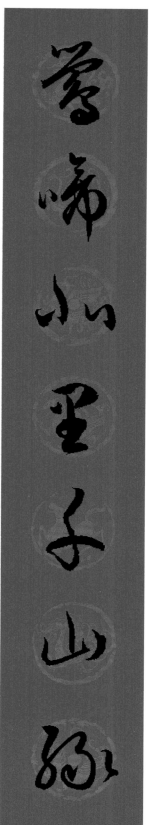

莺啼北里千山绿

燕语南邻万户欢

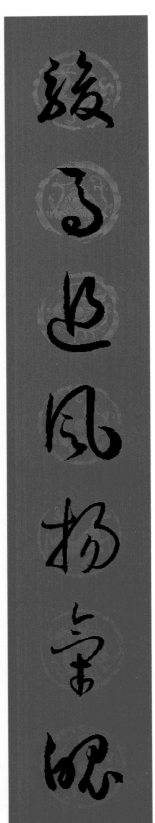

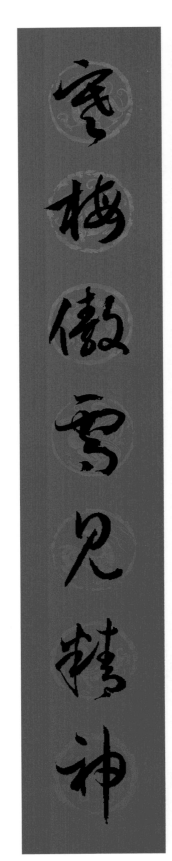

骏马追风扬气魄
寒梅傲雪见精神

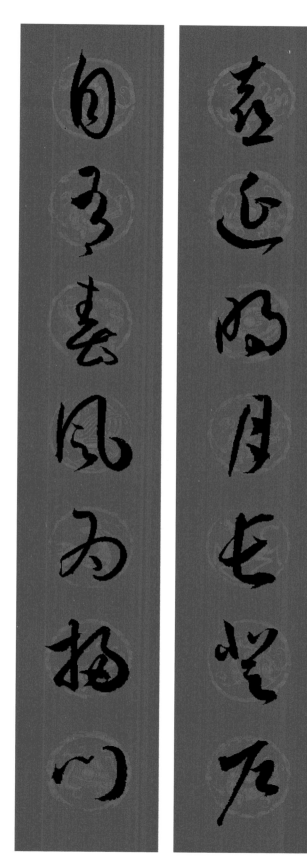

喜延明月长登户
自有春风为扫门

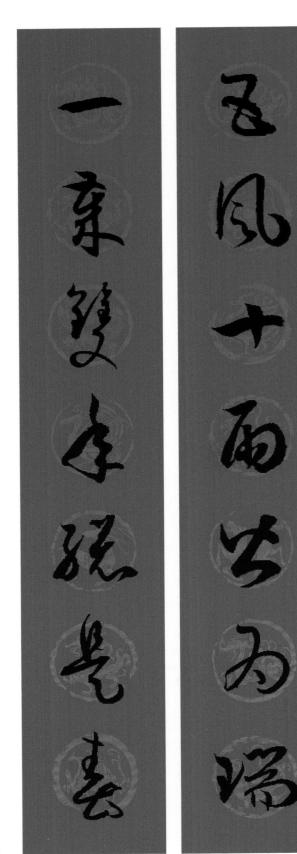

五风十雨皆为瑞

一岁双年总是春

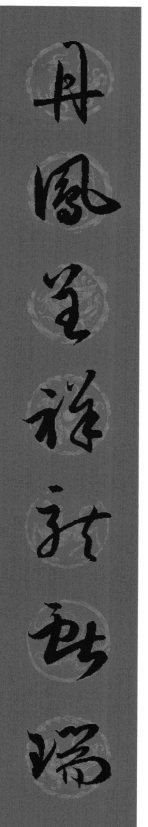

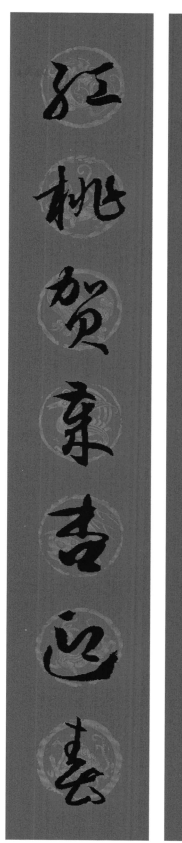

丹凤呈祥龙献瑞

红桃贺岁杏迎春

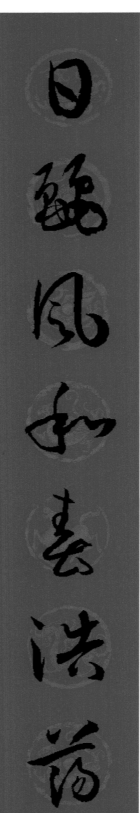

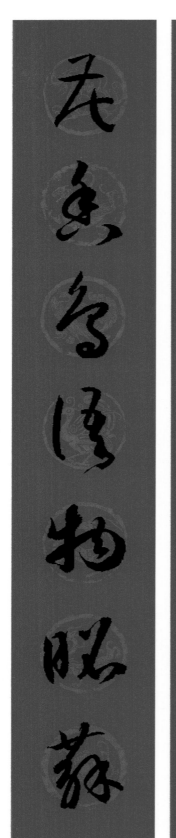

日丽风和春浩荡
花香鸟语物昭苏

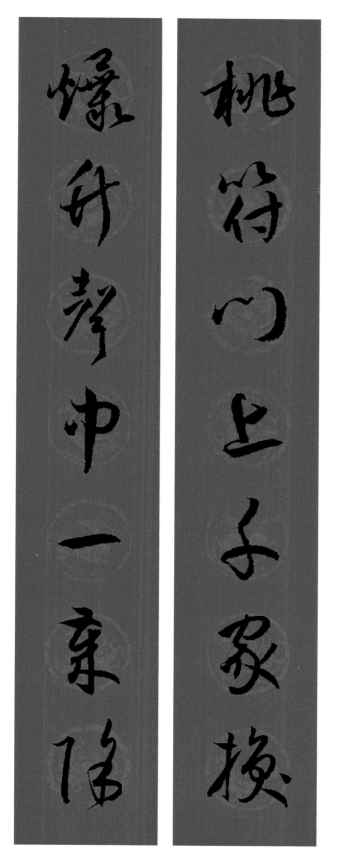

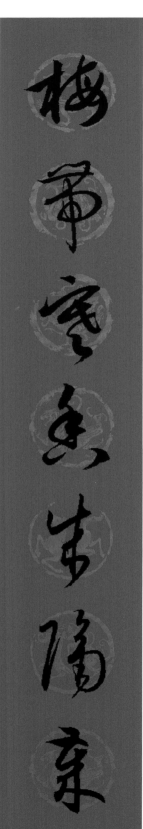

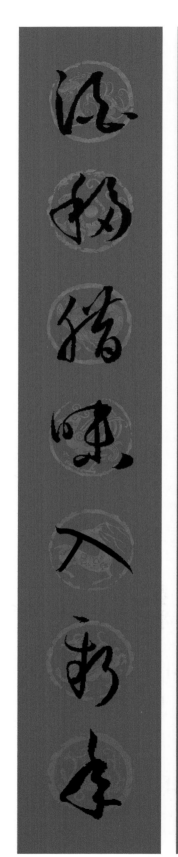

梅带寒香成隔岁

酒移腊味入新年

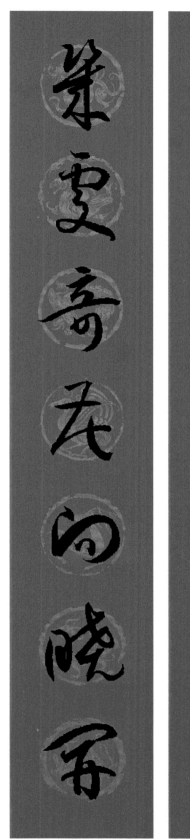
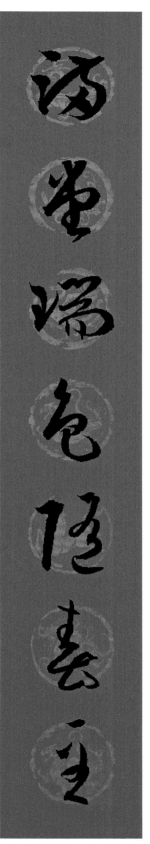

满堂瑞色随春至

几处奇花向晓开

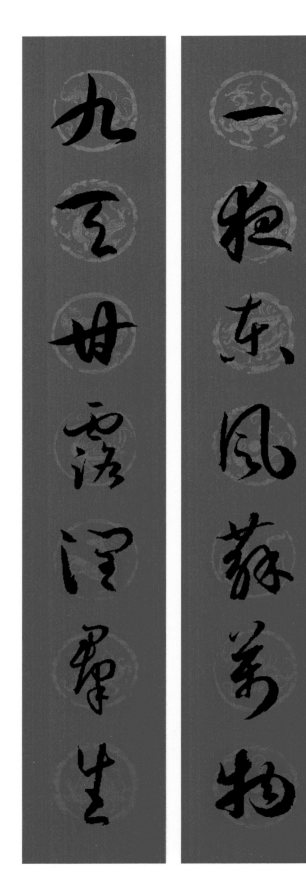

一夜东风苏万物

九天甘露润群生

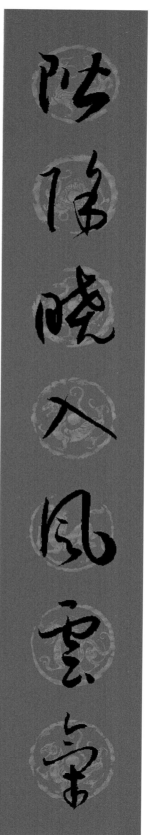

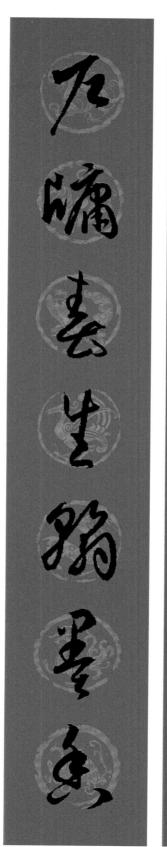

阶除晓入风云气

户牖春生翰墨香

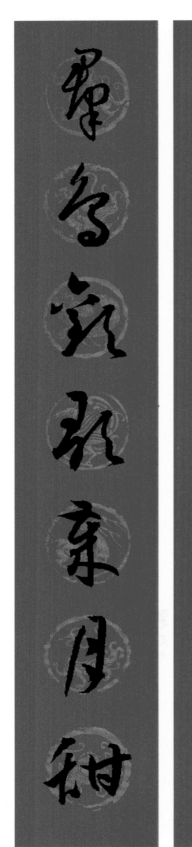
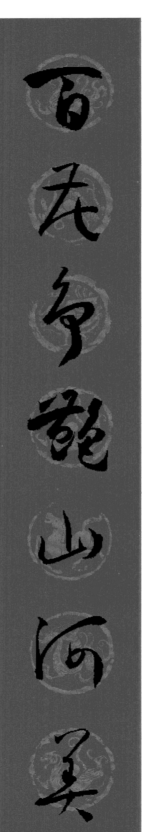

百花争艳山河美
群鸟欢歌岁月甜

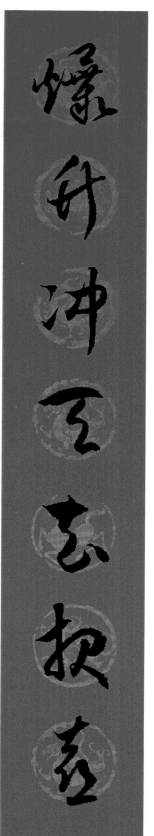

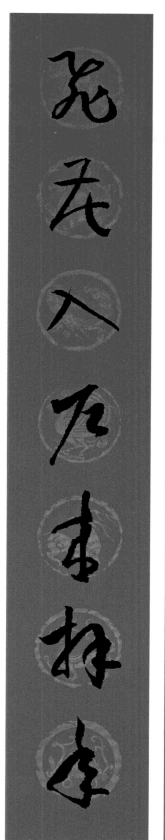

爆竹冲天去报喜

飞花入户来拜年

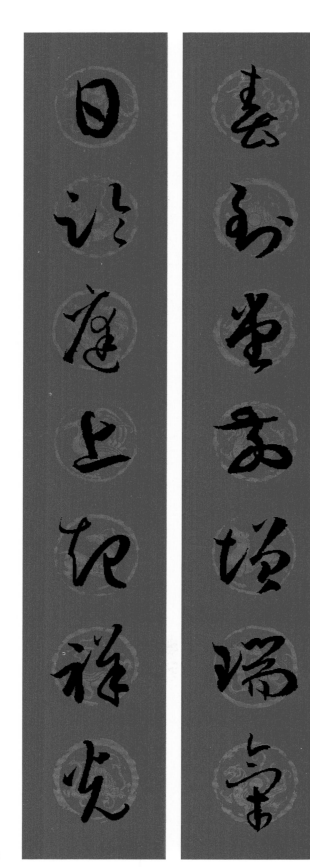

春到堂前增瑞气
日临庭上起祥光

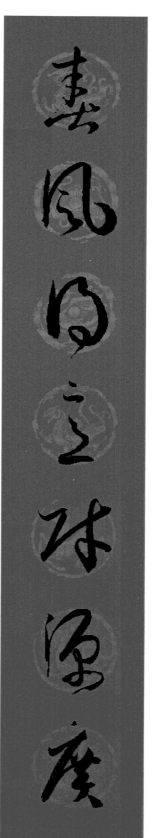

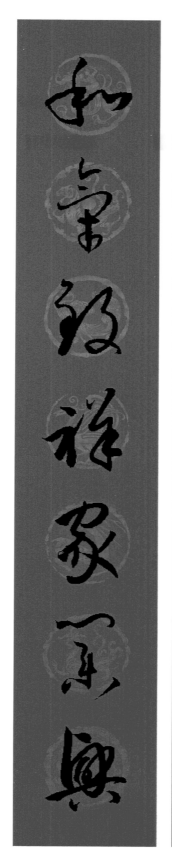

春风得意财源广
和气致祥家业兴

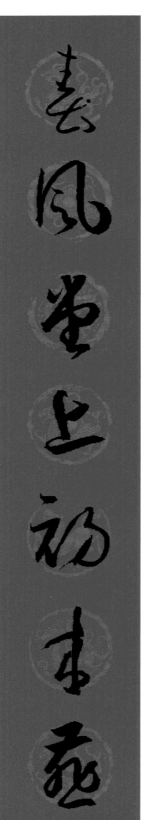

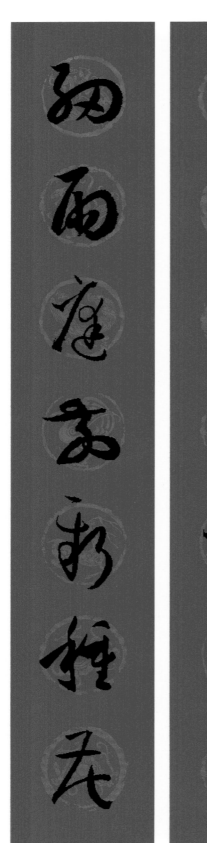

春风堂上初来燕

细雨庭前新种花

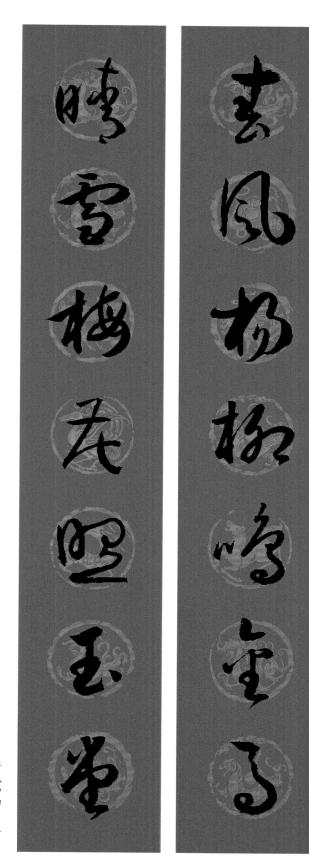

春风杨柳鸣金马

晴雪梅花照玉堂

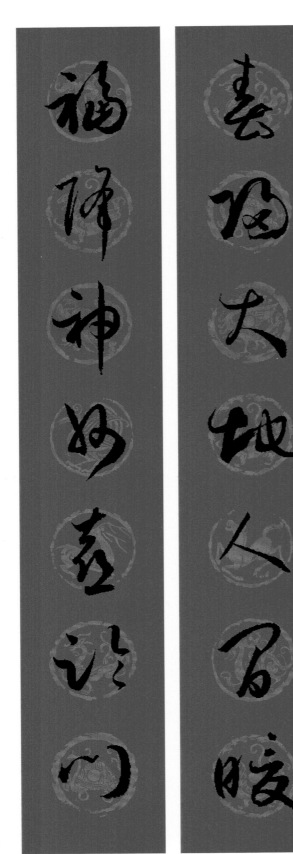

春归大地人间暖
福降神州喜临门

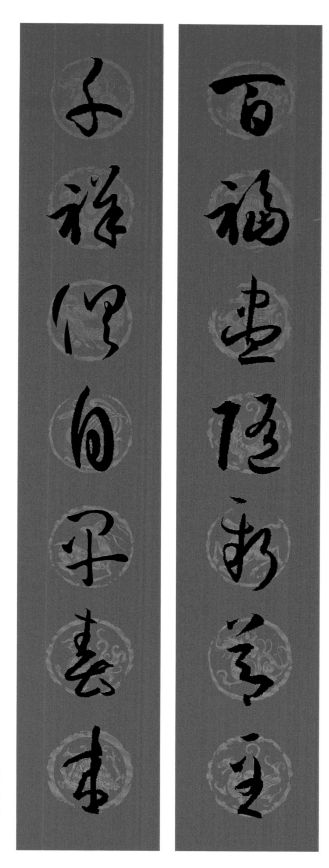

百福尽随新节至
千祥俱自早春来

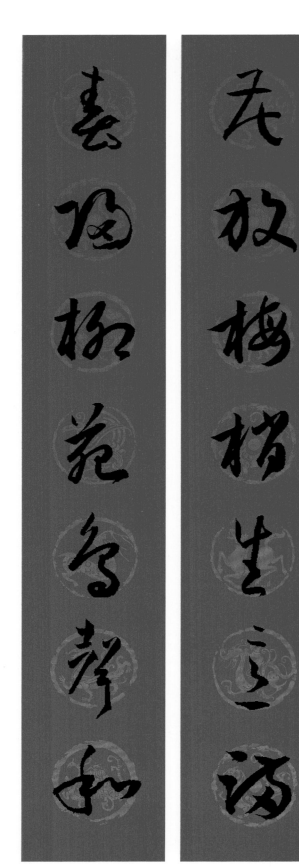

花放梅梢生意满
春归柳苑鸟声和

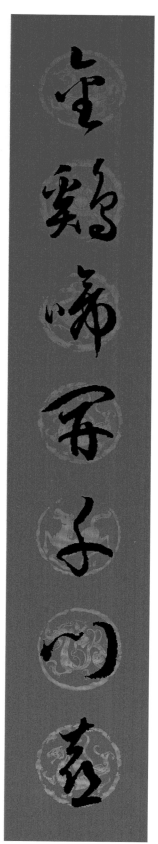

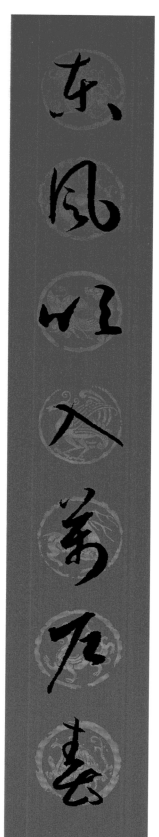

金鸡啼开千门喜
东风吹入万户春

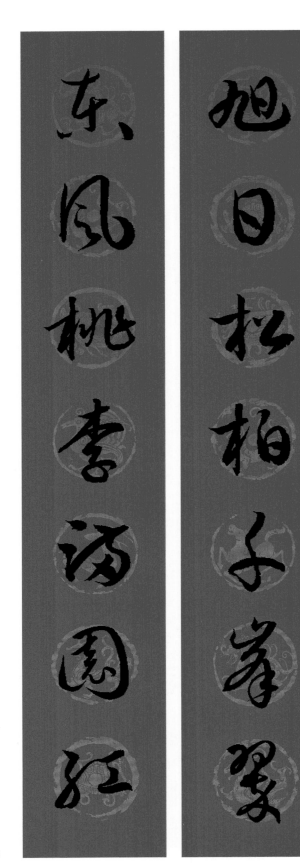

旭日松柏千峰翠

东风桃李满园红

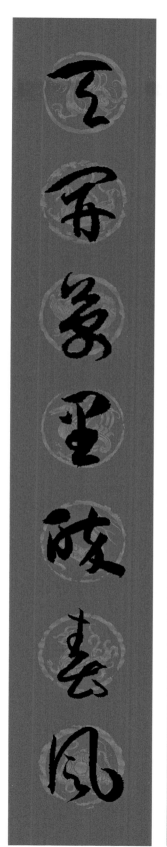
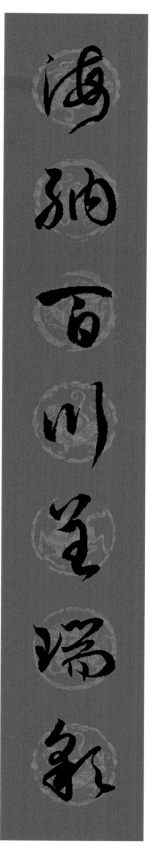

海纳百川呈瑞彩

天开万里醉春风

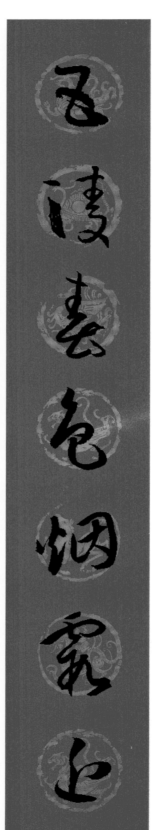

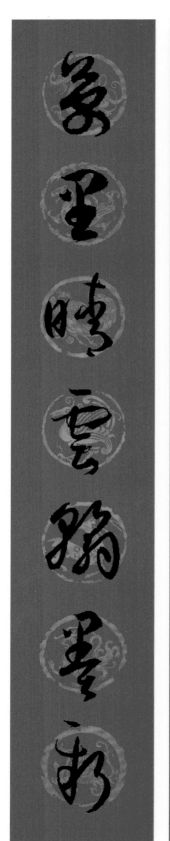

五陵春色烟霞近

万里晴云翰墨新

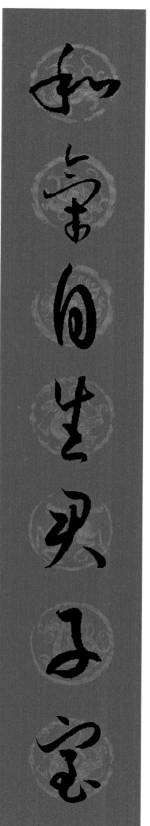

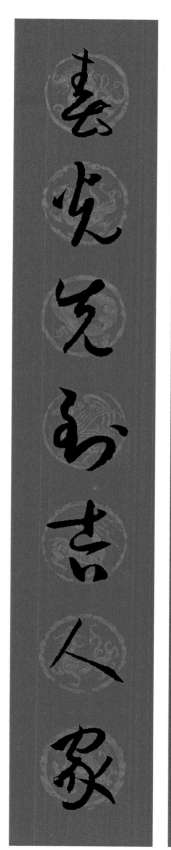

和气自生君子室
春光先到吉人家

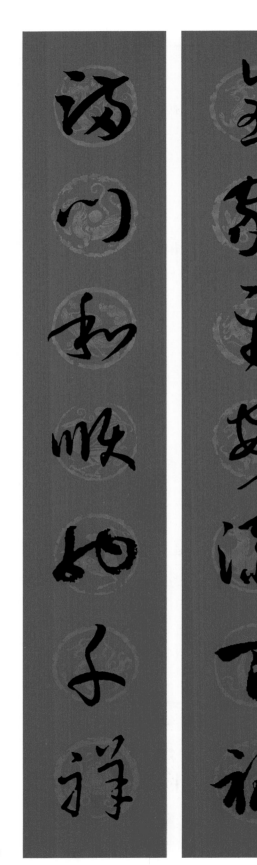

全家平安添百福
满门和顺纳千祥

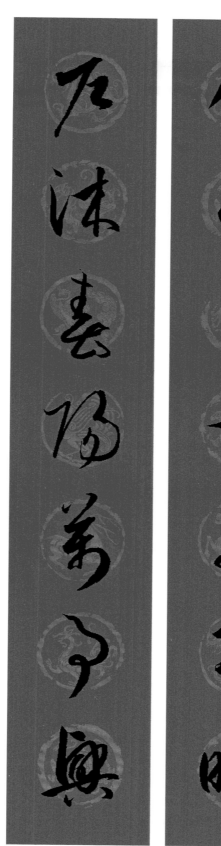
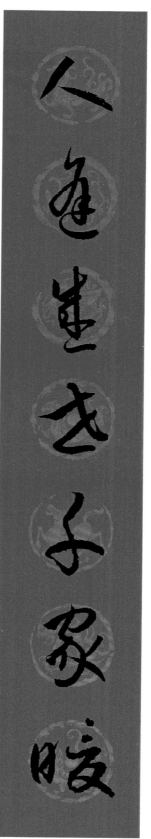

人逢盛世千家暖
户沐春阳万事兴

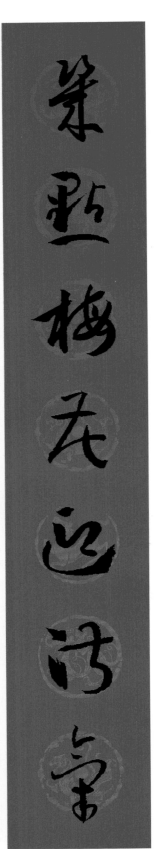

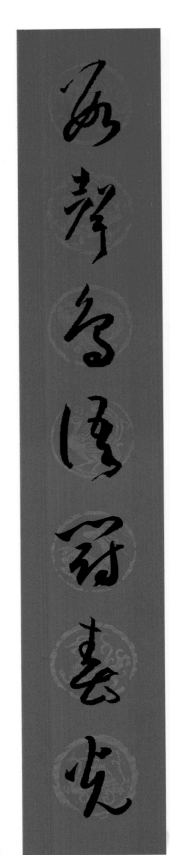

几点梅花迎淑气

数声鸟语斗春光

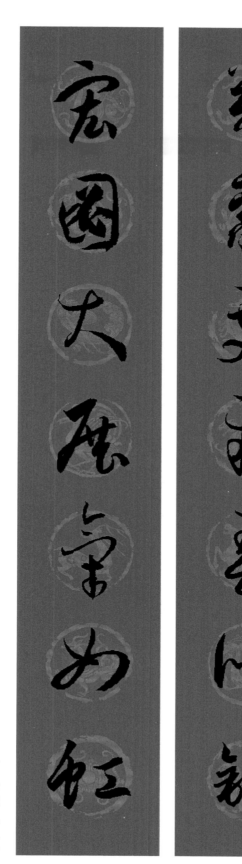

万象更新春似锦
宏图大展气如虹

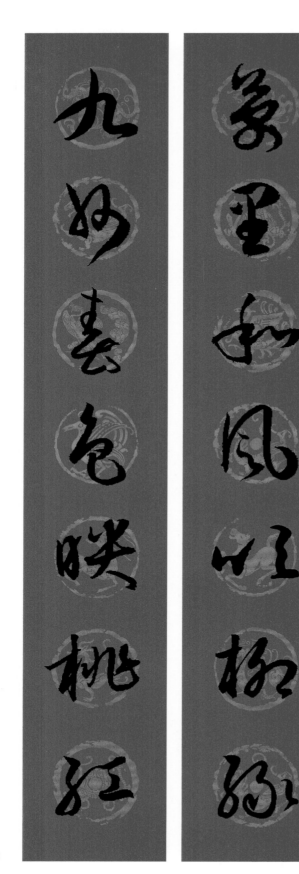

万里和风吹柳绿

九州春色映桃红

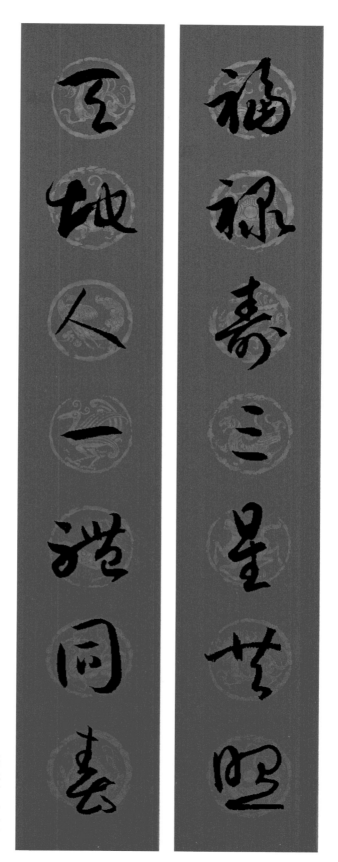

福禄寿三星共照

天地人一体同春

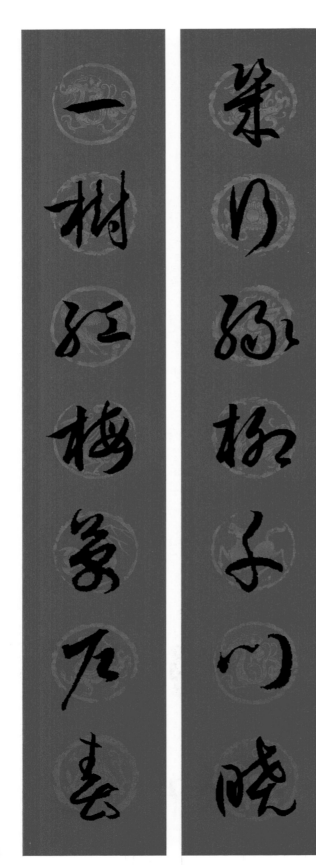

几行绿柳千门晓

一树红梅万户春

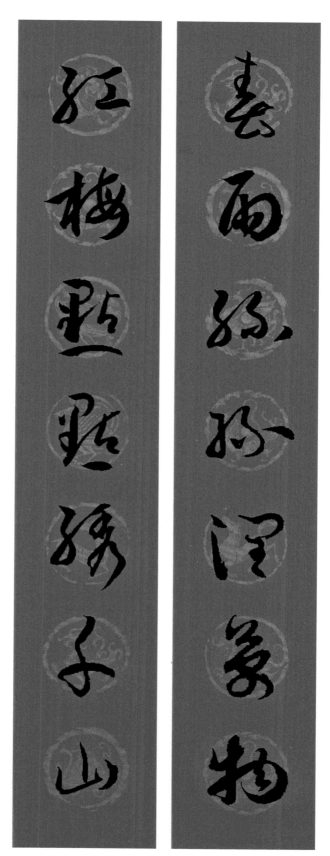

春雨丝丝润万物

红梅点点绣千山

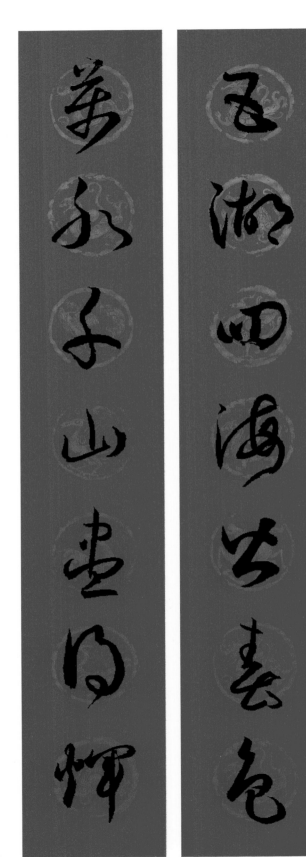

五湖四海皆春色

万水千山尽得辉

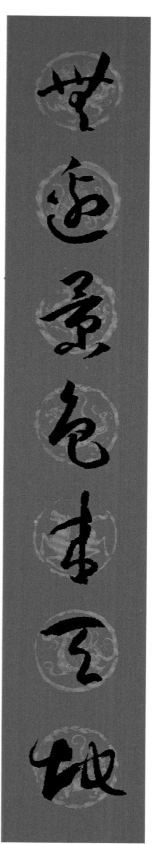

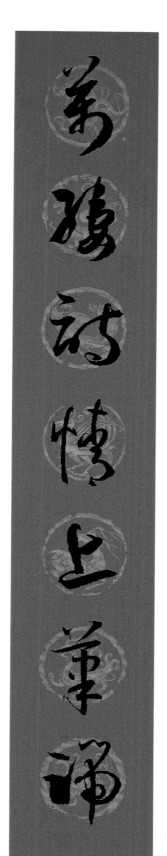

无边景色来天地

万缕诗情上笔端

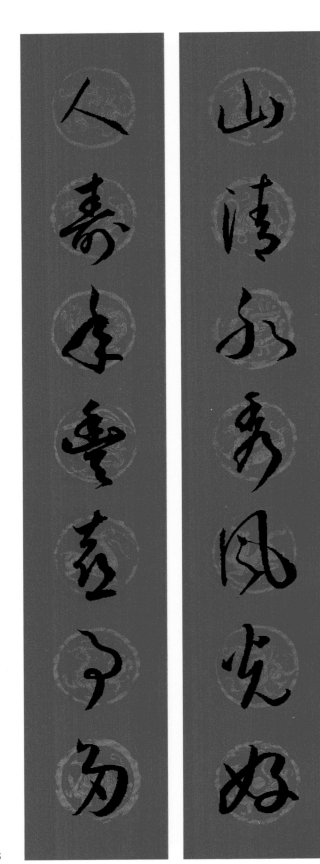

山清水秀风光好
人寿年丰喜事多

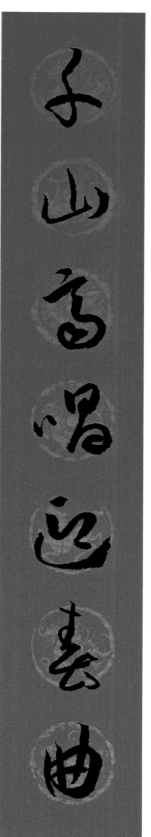

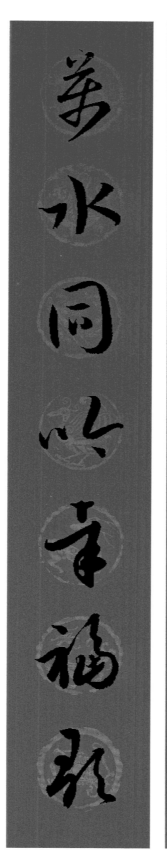

千山齐唱迎春曲

万水同吟幸福歌

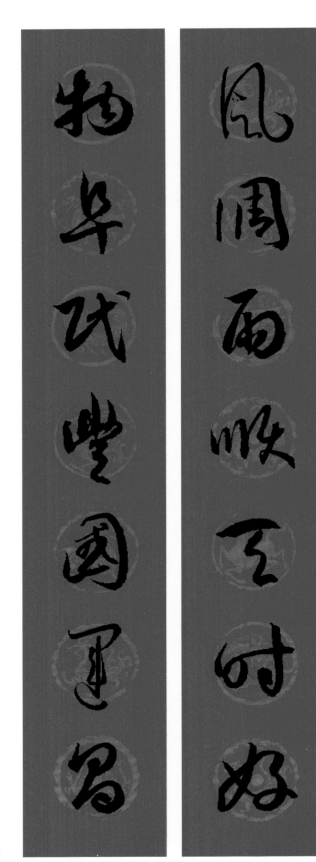

风调雨顺天时好
物阜民丰国运昌

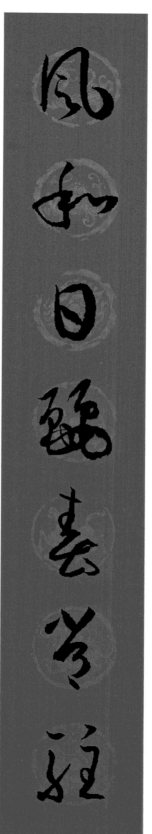

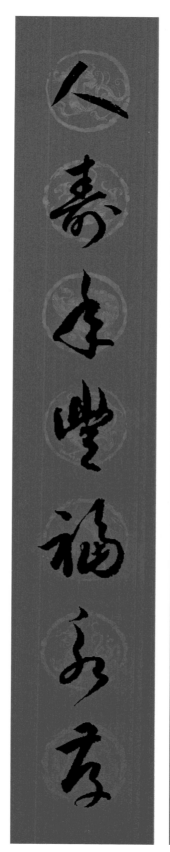

风和日丽春常驻

人寿年丰福永存

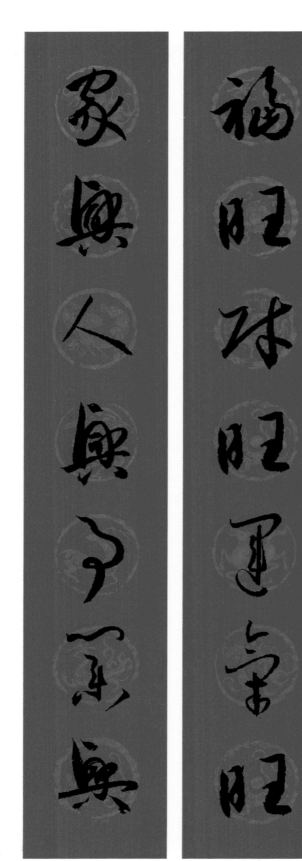

福旺财旺运气旺

家兴人兴事业兴

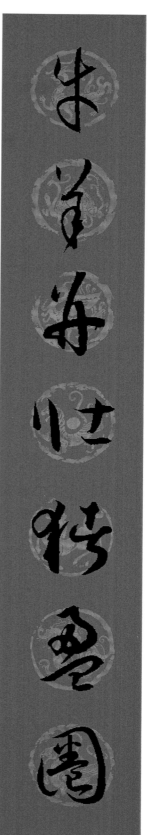

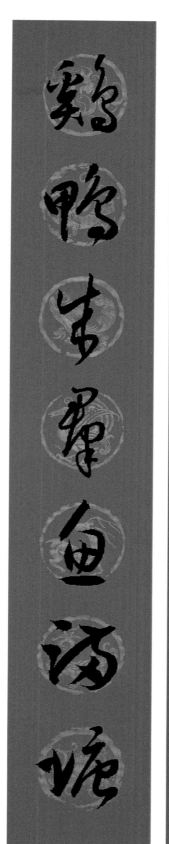

牛羊并壮猪盈圈

鸡鸭成群鱼满塘

51

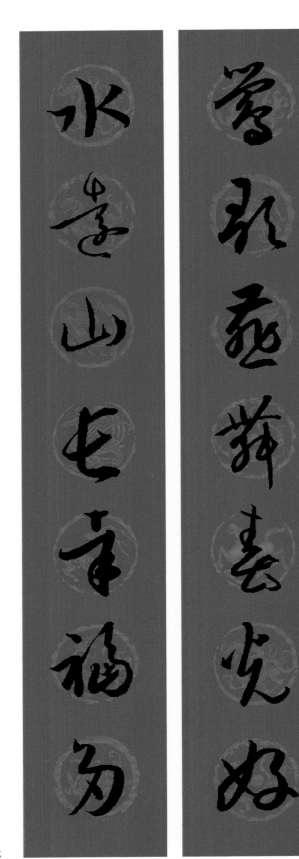

莺歌燕舞春光好

水远山长幸福多

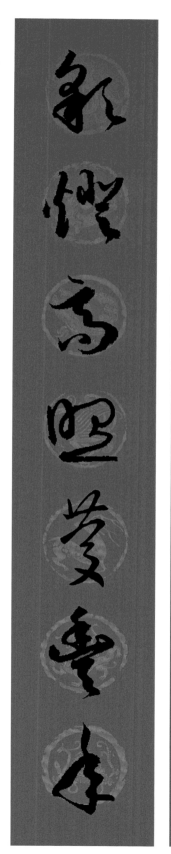
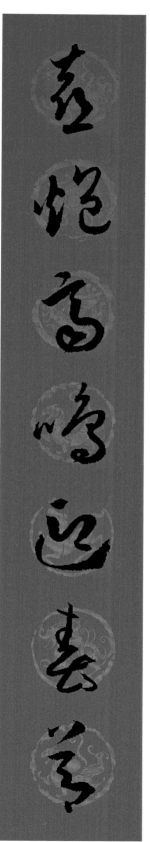

喜炮齐鸣迎春节

彩灯高照庆丰年

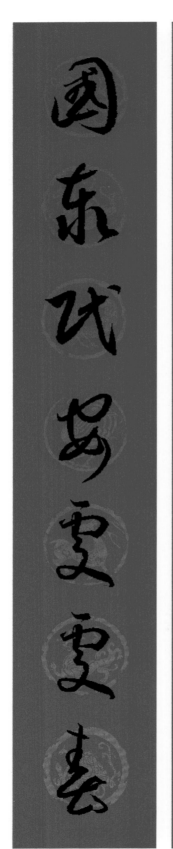

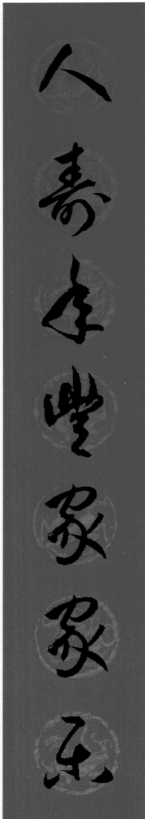

人寿年丰家家乐
国泰民安处处春

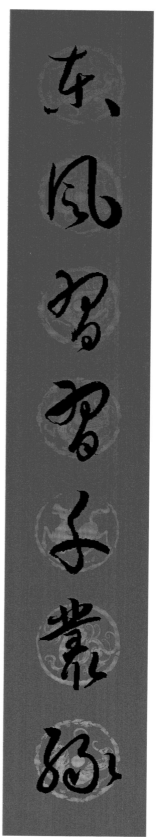

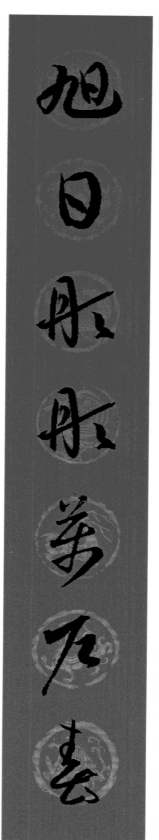

东风习习千丛绿

旭日彤彤万户春

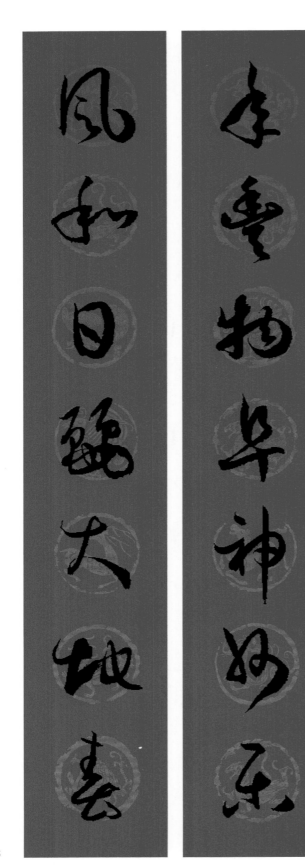

年丰物阜神州乐
风和日丽大地春

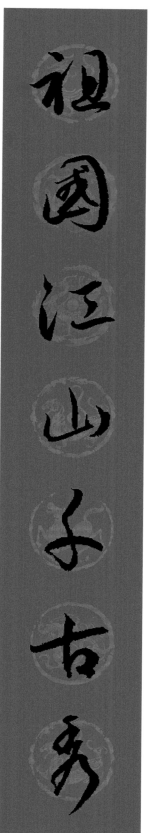

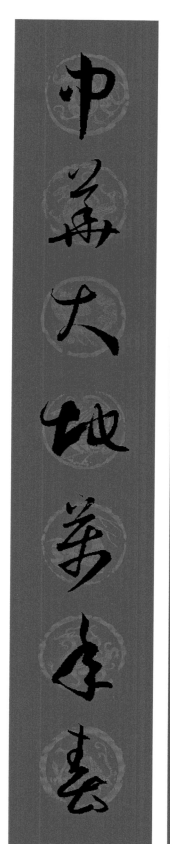

祖国江山千古秀
中华大地万年春

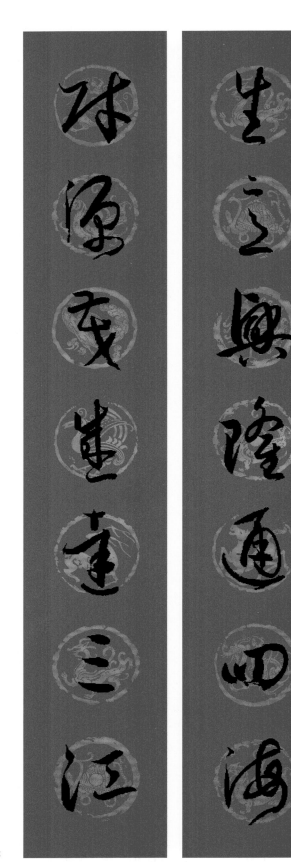

生意兴隆通四海

财源茂盛达三江

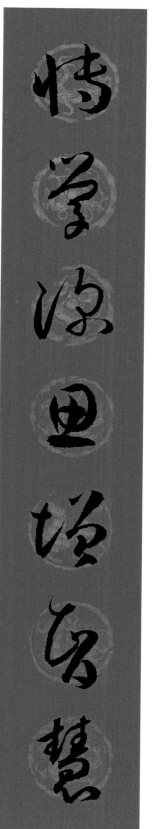

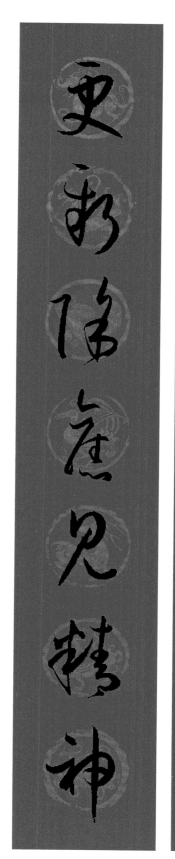

博学深思增智慧
更新除旧见精神

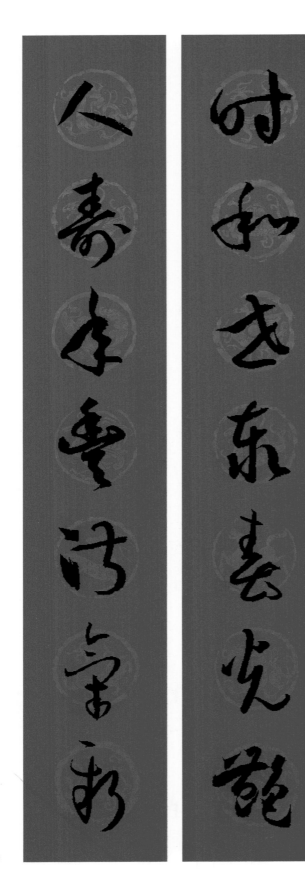

时和世泰春光艳
人寿年丰淑气新

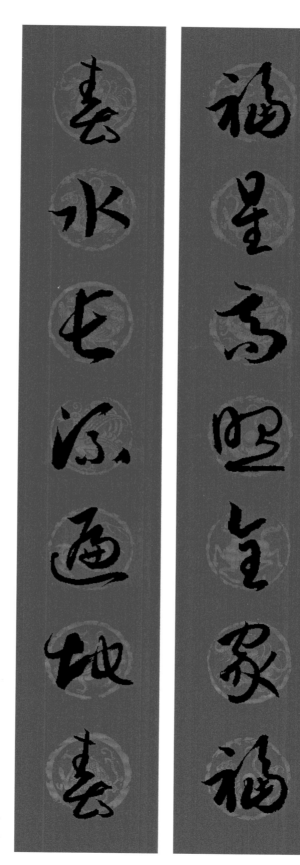

福星高照全家福

春水长流遍地春

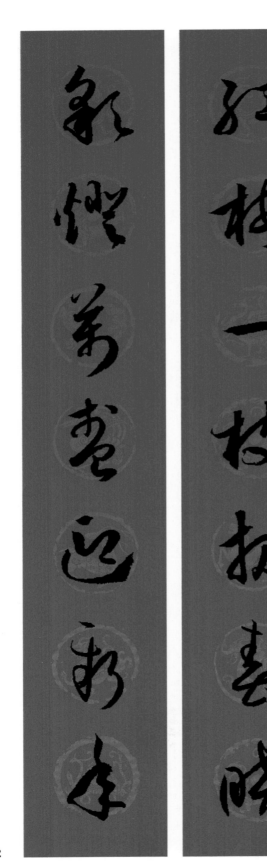

红梅一枝报春晓

彩灯万盏迎新年

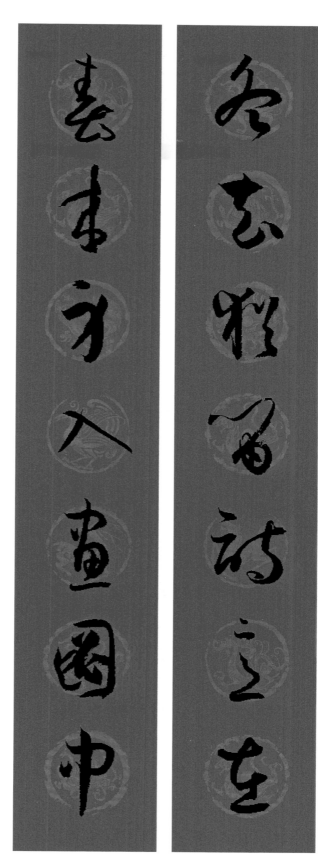

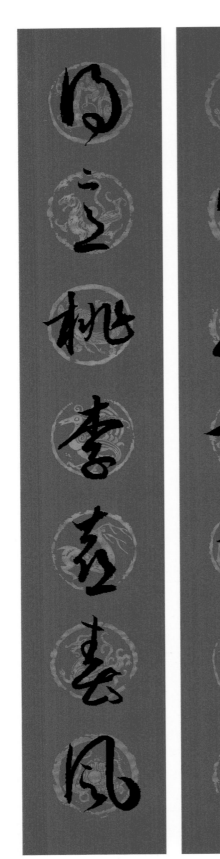

有情红梅报新岁

得意桃李喜春风

一片彩霞迎旭日

万条金缕带春烟

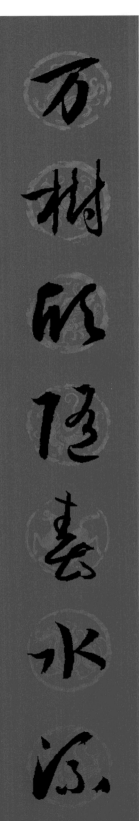

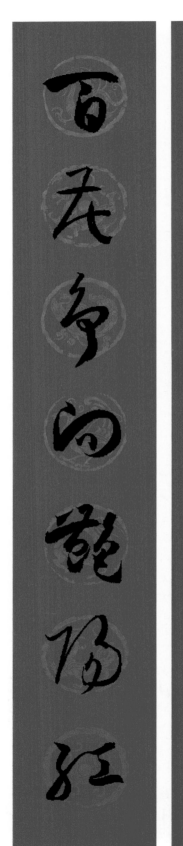

万树欣随春水流
百花争向艳阳红

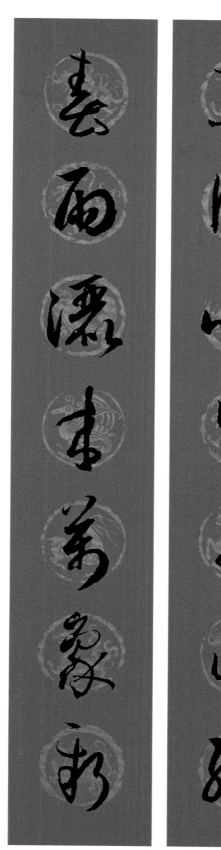

东风吹出千山绿

春雨洒来万象新

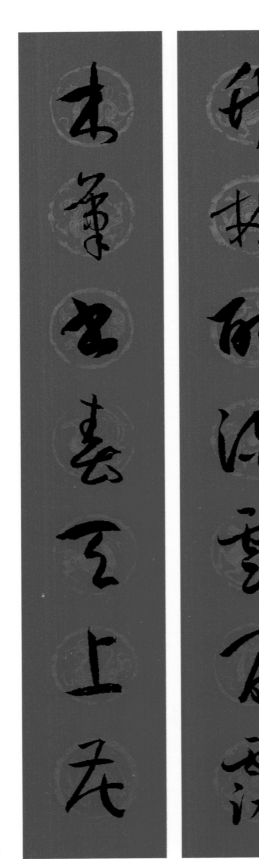

竹林酌酒云间露
木笔书春天上花

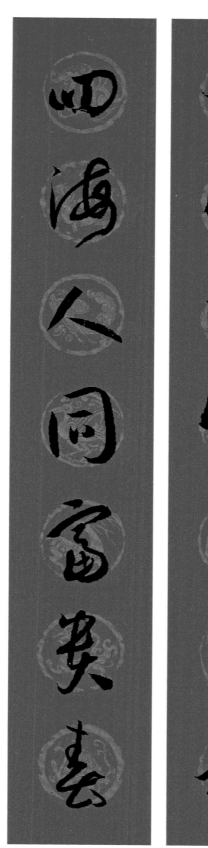

一门天赐平安福
四海人同富贵春

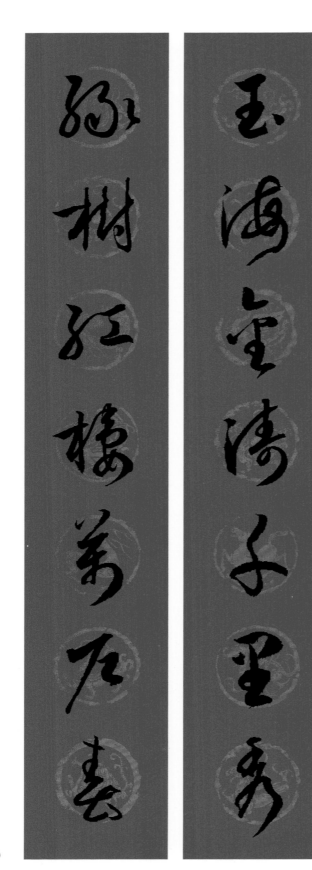

玉海金涛千里秀

绿树红楼万户春

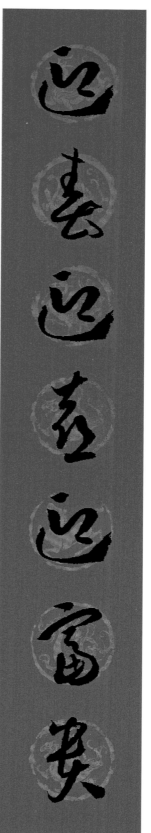

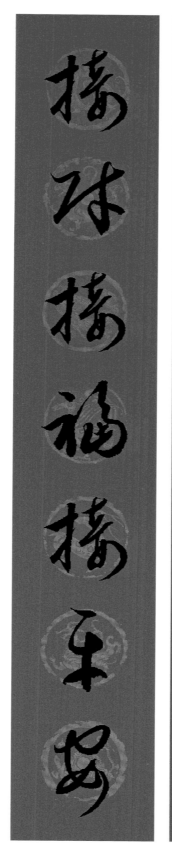

迎春迎喜迎富贵

接财接福接平安

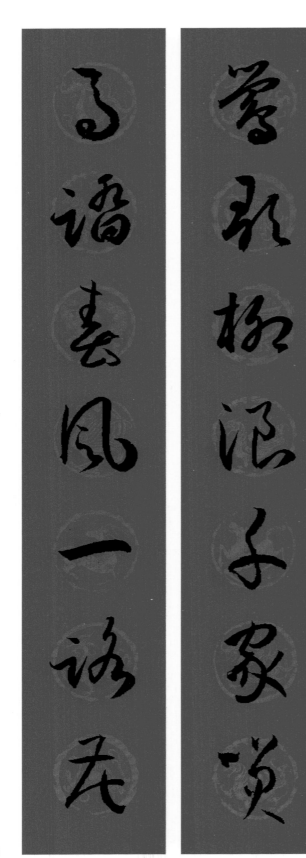

莺歌柳浪千家笑

马踏春风一路花

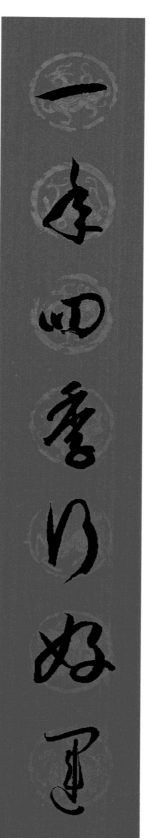

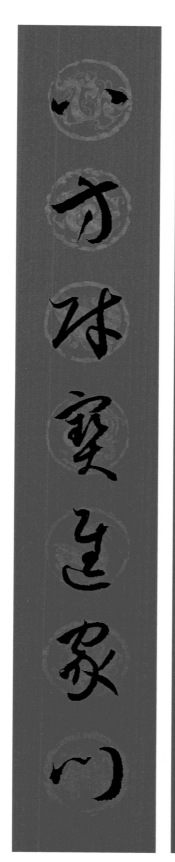

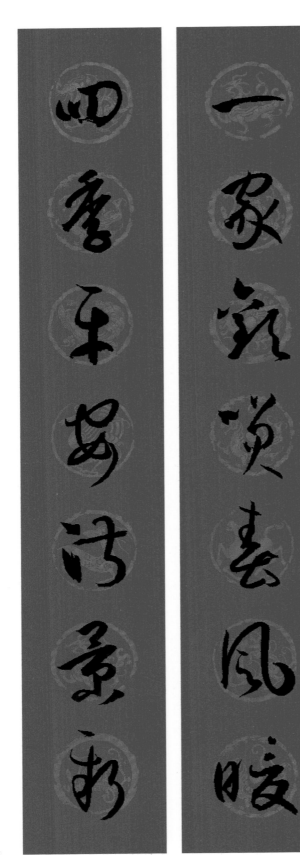

一家欢笑春风暖
四季平安淑景新

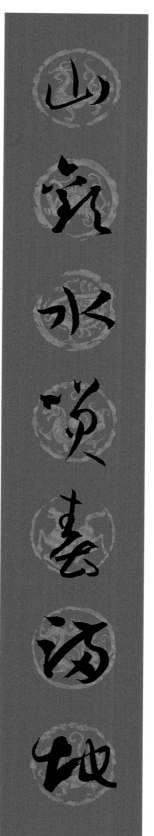

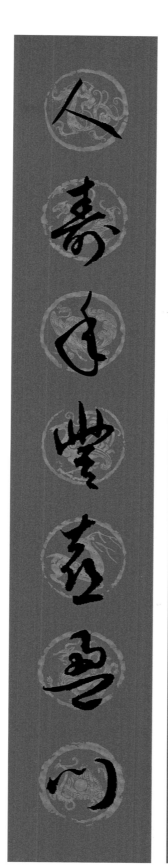

山欢水笑春满地

人寿年丰喜盈门

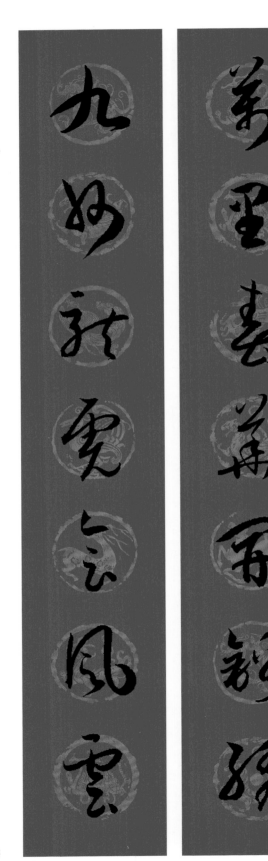

万里春华开锦绣
九州龙虎会风云

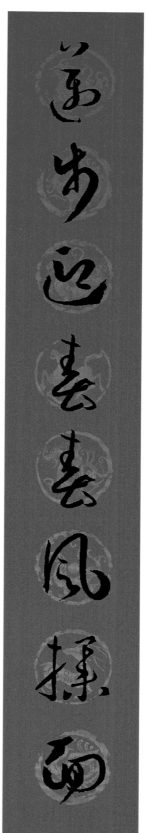

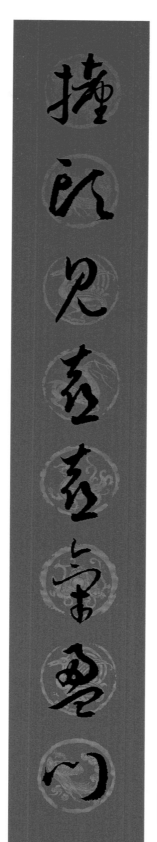

迈步迎春春风扑面

抬头见喜喜气盈门

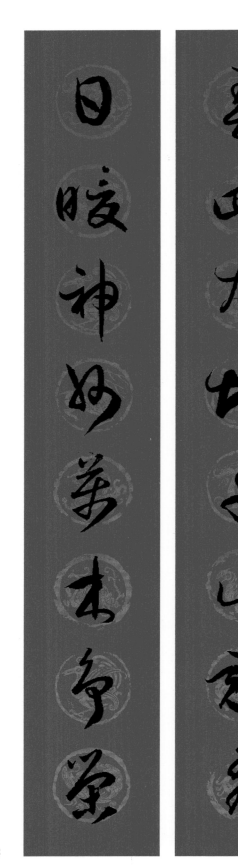

春回大地千山竞秀
日暖神州万木争荣

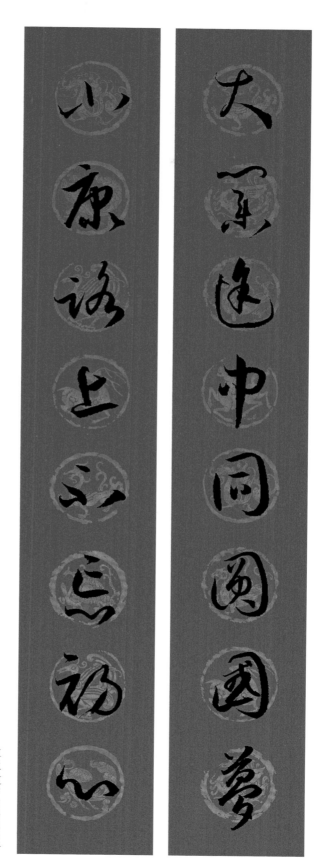

大业途中同圆国梦

小康路上不忘初心

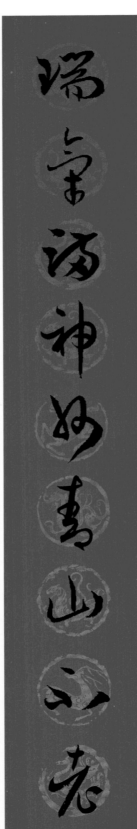

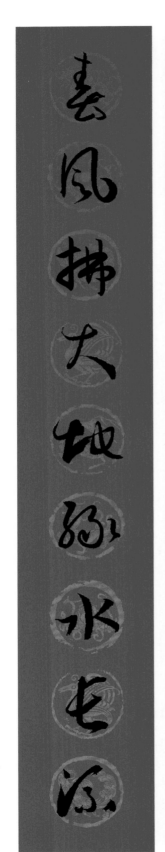

瑞气满神州青山不老
春风拂大地绿水长流

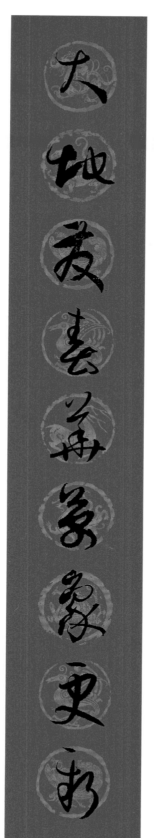

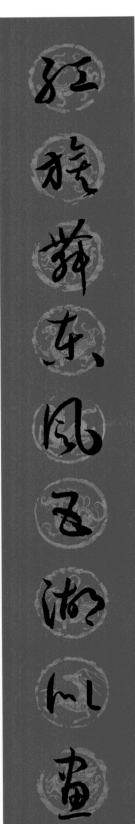

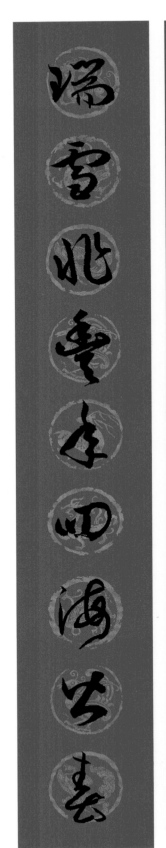

红旗舞东风五湖似画
瑞雪兆丰年四海皆春

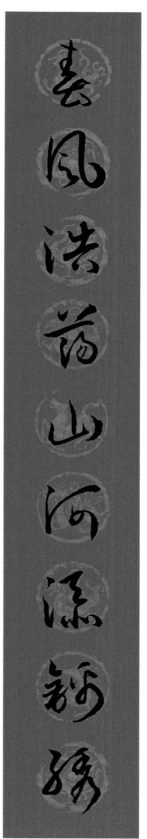

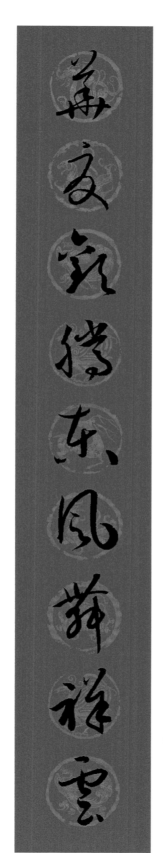

春风浩荡山河添锦绣
华夏欢腾东风舞祥云

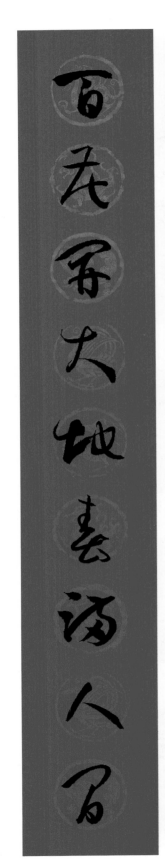
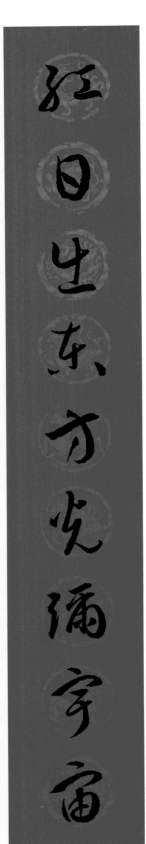

红日出东方光弥宇宙
百花开大地春满人间

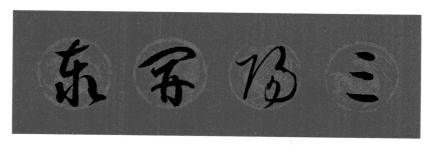

三阳开泰

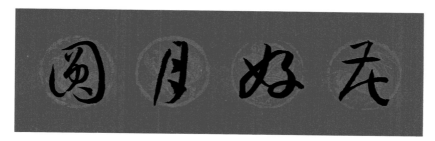

花好月圆

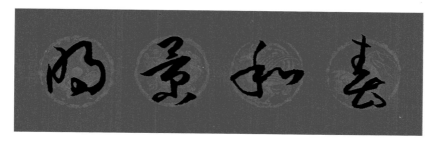

春和景明

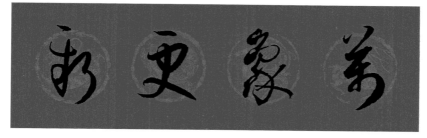

万象更新

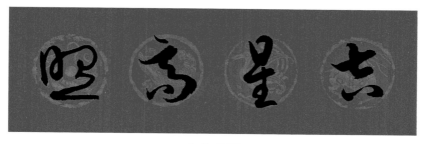

吉星高照

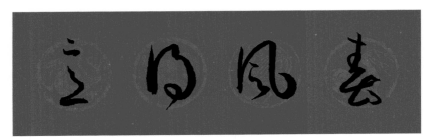

春风得意

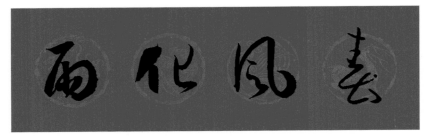

春风化雨

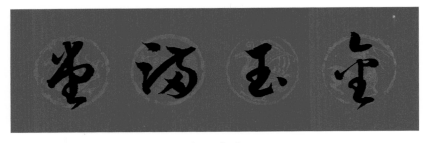

金玉满堂

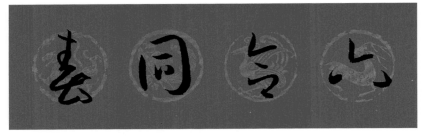

六合同春

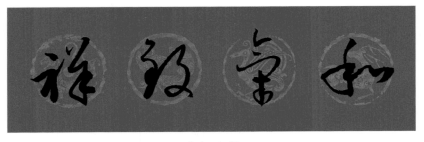

和气致祥

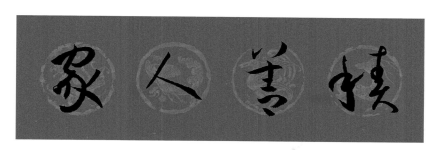

积善人家

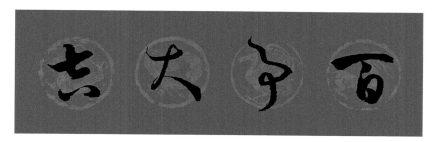

百事大吉

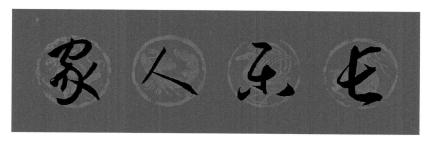

长乐人家

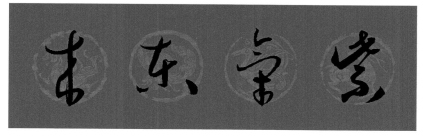

紫气东来

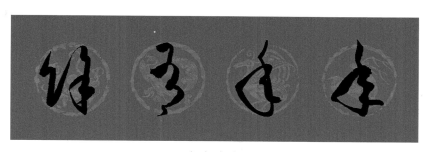

年年有余

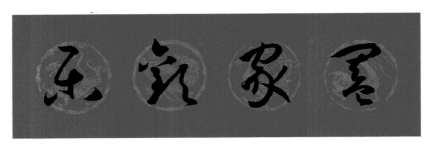

阖家欢乐

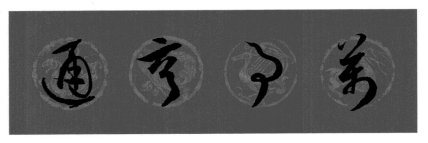

万事亨通

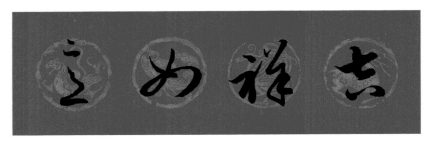

吉祥如意

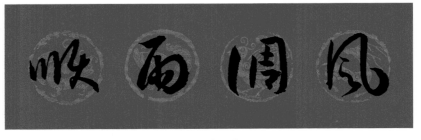

风调雨顺

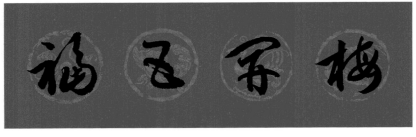

梅开五福

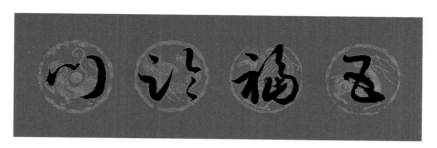

五福临门

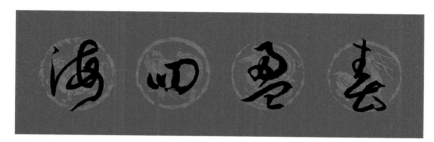

春盈四海

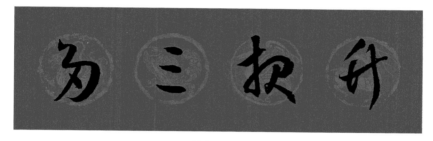

竹报三多

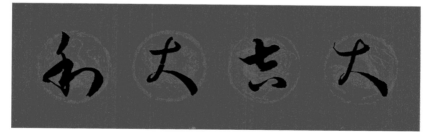

大吉大利

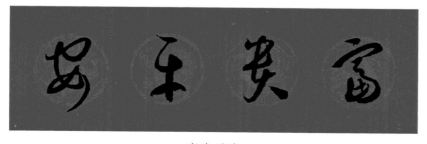

富贵平安

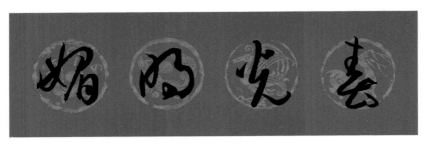

春光明媚

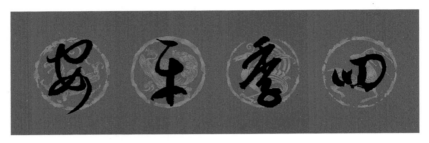

四季平安

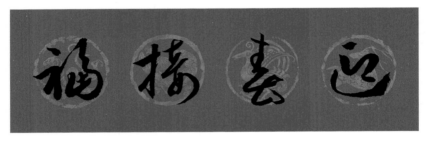

迎春接福

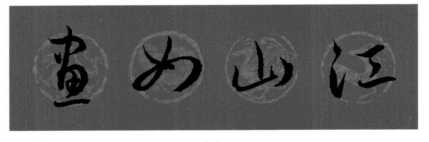

江山如画

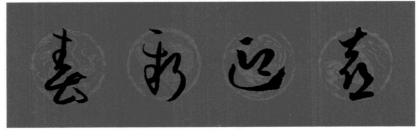

喜迎新春